ÉTAT

DE

L'OFFICIER.

« Quels sont les droits des Officiers mis à la réforme sans trai-
« tement, sous la Restauration, pour cause d'opinions poli-
« tiques, par simple mesure ministérielle et sans jugement ? »

CONSULTATION

PAR

Me Ad. CRÉMIEUX,

AVOCAT AUX CONSEILS DU ROI ET A LA COUR DE CASSATION ;

et par

Me Lis DURAT-LASALLE,

AVOCAT.

PARIS,

PAULIN, LIBRAIRE-ÉDITEUR,

PLACE DE LA BOURSE, N° 31.

1833.

CONSULTATION.

CONSULTATION.

----⊷◦⊶----

Les Conseils soussignés, consultés sur cette question :

Quels sont les droits des officiers mis à la réforme
sans traitement, sous la restauration, pour cause
d'opinions politiques, par simple mesure ministérielle
et sans jugement?

Estiment ce qui suit :

Outre les dispositions des anciennes ordonnances
non révoquées, trois dispositions législatives ou constitutionnelles réglaient, avant la loi de 1834, le
sort de l'officier, et fixaient ses droits : au milieu
d'elles se placent, avec quelques lois générales, cer-
taines lois spéciales, renfermant, sur les cas de la réforme et sur la quotité du traitement, des dispositions
particulières. Puis deux décrets impériaux, l'un de

1810, l'autre de 1812, rendu à l'époque de cette guerre Européenne, qui commençait par de si grands triomphes la destruction de l'empire ; enfin plusieurs ordonnances, parmi lesquelles celle de 1823 et celle de 1829 doivent seulement être rappelées.

Les trois dispositions législatives ou constitutionnelles sont :

La loi du 5 septembre 1791, la Charte de 1814, la Charte de 1830.

Les lois qui renferment des dispositions spéciales sont notamment celles du 3 et du 29 prairial an v, du 25 fructidor de la même année, du 28 fructidor an vii.

Les lois générales sont, entre autres, celles du 29 octobre 1790, du 21 octobre 1791, du 21 février 1793, du 3 brumaire an iv.

Nous les rappellerons, ainsi que les décrets et les ordonnances, dans le cours de cette discussion *.

* Voyez le texte des lois, décrets et ordonnances, à la suite de la Consultation.

La loi du 12 septembre 1791 est ainsi conçue :
« *Loi relative aux officiers privés de leur état sans*
« *cause légitime, ou arbitrairement suspendus de leurs*
« *fonctions.* Donnée à Paris, le 12 septembre 1791.

« Louis, par la grâce de Dieu et par la loi consti-
« tutionnelle de l'état, roi des Français, etc.

« L'Assemblée nationale a décrété, et nous voulons
« et ordonnons ce qui suit :

« *Décret de l'Assemblée nationale du 5 septem-*
« *bre 1791.*

« L'Assemblée nationale, après avoir entendu son
« comité militaire, décrète que les officiers qui, sans
« démission volontaire ou sans jugement, auront été
« arbitrairement privés de leur état, ou suspendus de
« leurs fonctions, seront censés les avoir toujours exer-
« cés, et en conséquence seront replacés dans les
« rangs et grades qui leur appartiendraient, s'ils n'a-
« vaient pas éprouvé d'injustice.

« Mandons et ordonnons, etc. »

L'article 69 de la Charte de 1814 porte : « Les mi-

« litaires en activité de service, les officiers et soldats
« en retraite, les veuves, les officiers et soldats pen-
« sionnés conserveront leurs grades, honneurs et
« pensions. »

L'article 60 de la Charte de 1830 répète les mêmes
expressions, et l'article 69 promet *des dispositions
qui assurent d'une manière légale l'état des officiers
de tout grade de terre et de mer.*

Quant aux lois générales ou spéciales, elles ne
discutent pas même le droit de l'officier : seulement,
comme des réformes devenaient indispensables dans
certains grades militaires, elles s'occupent de la quotité des pensions. Il faut remarquer néanmoins que
la loi du 28 fructidor an VII ne reconnaît comme
motifs de suppression de traitement *qu'un jugement
ou une démission.*

Ainsi tout ce qui, dans nos mesures constitutionnelles ou législatives, se rapporte aux officiers de nos
armées, tend à garantir leurs droits.

Pouvait-il en être autrement? Est-il rien de plu ·

sacré que le grade conquis au prix du sang versé pour la patrie? Est-il rien de plus inviolable que l'offrande de la patrie à ses défenseurs?

Le décret du 14 novembre 1810 fut une première et violente atteinte à la loi.

Il soumit à une revue générale d'inspection tous les officiers en réforme ;

Il les divisa en trois classes : l'une devait comprendre les officiers âgés de moins de quarante ans, capables de reprendre du service actif ; — la seconde, les officiers âgés de quarante à cinquante ans, dans le cas d'être utilement employés ; — la troisième enfin, les officiers âgés de cinquante ans, ou moins âgés, mais non susceptibles de servir, soit par suite de blessures ou infirmités, soit par défaut de capacité ou tout autre motif.

Les officiers de la première et de la seconde classe devaient jouir du traitement de réforme jusqu'à nouvelle destination.

La troisième classe était subdivisée : ceux qui justifiaient de blessures ou de dix ans de service recevaient la solde de retraite; les autres perdaient le traitement; le ministre pouvait seulement le leur conserver, à titre de gratification, pendant une année.

Napoléon n'avait qu'un but : c'était de rappeler sous les drapeaux tous les officiers valides.

Le décret de Kœnigsberg, sous la date du 15 juin 1812, dévoila toute sa pensée :

Le traitement de réforme ne dut être alloué dans l'avenir *que pour cinq ans.* Après ce terme, le traitement cessait pour l'officier en réforme, sauf à lui à reprendre du service : il pouvait néanmoins obtenir, comme gratification, une année de son traitement de réforme.

La Charte de 1814 abolit évidemment ces décrets.

Mais la restauration laissa bien loin en arrière ce système déjà si violent. Sans jugement, sans démission, sans autre motif que leurs opinions politiques, de braves officiers furent brutalement expulsés de l'armée, par une circulaire, dont voici le modèle officiel, qui mérite d'être conservé :

« *Je vous préviens*, Monsieur, que par *décision du...*
« *le Roi a prononcé votre réforme* SANS TRAITEMENT.
« *Vous cesserez en conséquence*, dès ce moment, de
« *faire partie de l'armée*, et je vous invite à vous re-
« tirer dans vos foyers.

« JE VOUS SALUE.

« VICOMTE DE LATOUR-MAUBOURG. »

Sous le ministère du duc de Bellune, cet arbi-traire fut consacré par l'ordonnance du 5 février 1823. L'ordonnance exhuma le décret de 1812. Par une première disposition, elle semblait le modifier en faveur des officiers ; mais l'article 2 porta ces expres-sions incroyables : « *Ne recevront aucun traitement* « *de réforme* les officiers qui auront été *formellement* « *privés de ce traitement par l'ordonnance qui aura* « *prononcé leur réforme.* »

Six ans de cette effrayante désorganisation ont pesé sur les officiers de notre vieille armée ou sur nos jeunes officiers patriotes.

Un premier pas dans une meilleure voie signala le ministère de M. de Caux. L'art. 2 de l'ordonnance du 8 février 1829 déclara que tout officier réformé jouirait d'un traitement de réforme, et *ne pourrait en être privé que par suite d'une condamnation juridique.* Seulement elle maintint la fixation du temps pendant lequel il serait payé ; la durée du traitement était égale à la moitié des années de service.

C'est dans cet état que la révolution de juillet a trouvé les officiers de notre armée, et qu'est survenue la Charte de 1830.

Aux articles 60 et 69 que nous avons cités, il faut joindre l'article 70 ainsi conçu : « Toutes les lois et « ordonnances, en ce qu'elles ont de contraire aux « dispositions adoptées pour la réforme de la Charte, « sont dès à présent et demeurent annulées et abro- « gées. »

Que reste-t-il aujourd'hui de toutes les dispositions que nous venons de retracer?

1° Les dispositions constitutionnelles ou législatives non abolies; 2° celles des décrets et des ordonnances qui ne sont pas contraires aux constitutions et aux lois.

Les diverses lois que nous avons citées sont en harmonie avec nos constitutions; mais nous invoquerons surtout les lois du 12 septembre 1791 et du 28 fructidor an VII. La seule disposition des décrets et des ordonnances qui se concilie soit avec la Charte de 1814, soit avec celle de 1830, c'est l'article 2 de l'ordonnance de 1829, qui déclare le traitement de réforme acquis et inviolable *jusques à condamnation juridique.*

Ainsi les décisions ministérielles qui, sous la restauration, enlevèrent aux officiers emplois, grades et traitemens, étaient, sous la restauration même, des décisions illégales.

Tout le monde convient de l'illégalité de ces

destitutions ; mais en France on fait plutôt une révolution qu'on ne répare une injustice. Voilà une foule de braves officiers dont le seul tort a été d'avoir, sous la restauration, les opinions qui triomphèrent en juillet : la restauration les destitua, la régénération les oublie. A peine si deux ou trois d'entre eux sont rendus à l'armée, avec rappel de leur traitement arriéré : et cet acte de justice envers eux paraît une injure envers les autres ; car enfin, tout en applaudissant à la réparation, chacun se dit : Pourquoi trois sur cinquante ?

Ici viennent se placer les objections.

D'abord la loi de 1791 n'est-elle pas abolie, soit par des dispositions postérieures, soit par désuétude ?

La question n'est pas sérieuse.

Une loi ne peut être abrogée que par une loi, ou, si l'on veut, par un décret de l'Empereur ayant force de loi. Or, les diverses lois que nous avons rappelées fixent le traitement de réforme ; aucune ne conteste le principe sacré qu'une condamnation ou une démission peut seule entraîner la privation du grade et du traitement. Le décret de Kœnigsberg peut sans doute fournir un argument : il déclare le traitement perdu après cinq années de réforme; mais outre qu'il ne s'agit pas de l'application de ce décret, puisque ceux qui réclament ont été destitués à la fois de leur grade et de leur traitement, ce décret n'eut qu'une existence éphémère. L'art. 69 de la Charte de 1814 le mit au néant : le décret ne fut heureusement qu'une impuissante tentative contre la loi de 1791.

Cette loi d'ailleurs a réellement été consacrée par les lois du 21 novembre 1791, du 21 février 1793, du 3 brumaire an IV, par les lois de l'an V qui toutes portent en principe qu'il faut conserver un traitement à la réforme, et par la loi de l'an VII qui applique un traitement de réforme à tout militaire *qui a cessé ou cessera d'être en activité autrement que par un jugement ou une démission.*

Quant à l'ordonnance de 1823, elle était nulle sous

deux aspects : 1° elle violait la loi de 1791 et la loi de l'an vii ; 2° elle violait l'article 69 de la Charte de 1814. Un excès de pouvoir n'abolit pas une loi.

Ainsi point d'abolition de la loi de 1791, par une loi postérieure.

La désuétude :

En principe, la désuétude n'abroge pas les lois. Lorsqu'émanées du pouvoir royal, les lois du royaume avaient besoin, pour être exécutées, d'être enregistrées dans les parlemens, le refus d'en faire l'application pendant un grand nombre d'années pouvait entraîner l'abrogation. Sous un gouvernement constitutionnel, les lois régulièrement votées et promulguées sont la règle des tribunaux, jusqu'à révocation par le pouvoir législatif. Un système contraire tendrait à l'usurpation du pouvoir législatif par le pouvoir administratif ou judiciaire ; et tout notre édifice constitutionnel repose sur la séparation des trois pouvoirs. La Cour de cassation n'admet pas l'abrogation par désuétude.

En fait, d'ailleurs, où serait la désuétude? Sous la république et sous l'empire, a-t-on violé la loi de 1791? Sous la république? mais à la veille même de la constitution de l'an VIII, qui fonda le pouvoir consulaire, parut la loi de l'an VII qui rendit un nouvel hommage à la loi de 91, et qui ne fut point attaquée par les consuls. Sous l'empire? mais si le pouvoir sans limites que la France laissait aux mains de la gloire frappa, à de longs intervalles, un petit nombre d'officiers, l'illégalité de la mesure protégeait l'honneur du drapeau français. L'Empereur évitait une condamnation flétrissante sous l'apparence d'un acte arbitraire. Ceux là n'encourent pas le blâme.

Nous ne parlons pas de la restauration, gouvernement transitoire et anti-national, qui croyait nous ravir notre gloire, en rayant des cadres les hommes qui l'avaient portée si haut et si loin. Il s'agit non d'invoquer, mais de réparer ses injustices. Est-ce d'ailleurs le court intervalle qui s'est écoulé depuis 1815 jusqu'en 1829 *, qui aurait amené la désuétude d'une loi? Ajoutons que depuis 1823, une ordonnance avait statué, en violation de la loi de 1791, de celle de l'an VII, du décret même de Kœnigsberg : dès lors, la *désuétude* n'aurait pu s'établir que de 1815 à 1823; car depuis 1823, une seule question s'élève : une ordonnance peut-elle abroger une loi?

La désuétude! Mais l'ordonnance de 1829 qui déclare que le traitement de réforme ne peut se perdre que par une condamnation juridique, n'est-elle pas un éclatant retour à la loi de 1791? Et le rétablissement dans les rangs de l'armée, avec rappel de leur traitement, de MM. Simon Lorrière, Lafontaine et quelques autres, ne prouve-t-il pas qu'on n'a pas regardé la loi de 1791 comme abolie?

La loi du 12 septembre 1791 n'est donc pas abrogée.

---

* Époque où parut l'ordonnance qui rendit hommage aux vrais principes.

—Mais cette loi n'était que transitoire, c'était une loi *de circonstance*.

Loi de circonstance, nous le voulons bien. Toutes les lois de la révolution furent des lois *de circonstance*. Appelées par le vœu si magnifiquement exprimé d'une réforme générale, elles étaient votées à mesure qu'une réclamation en faisait sentir le besoin. Voilà comment ces admirables décrets de l'Assemblée nationale furent des lois de circonstance. Mais ces décrets proclamaient de grands et d'inviolables principes ; ils sont restés debout, au milieu des ruines, comme pour annoncer aux peuples que les principes ne meurent pas. Non, non, elle n'est pas transitoire la loi qui proclame qu'une récompense inviolable est due au sang versé pour la patrie ; que l'épée appartient au brave qui s'ouvrit par elle un passage à travers les rangs ennemis ; que l'épaulette ne saurait être arrachée à qui sut la conquérir ; que l'arbitraire n'a pas de droit sur la gloire.

Et faut-il que de pareilles doctrines aient besoin d'être discutées ? La loi qui appelle un citoyen au ser-

vice militaire, l'enlève à sa famille, à ses habitudes, à
ses foyers : les fatigues, les périls, les blessures, la mort,
voilà ce qu'il lui faut ou braver ou subir. Et quand
il s'est élevé de grade en grade par des actions d'éclat,
il sera permis de lui ravir en un jour la récompense
de son dévouement ! Et la loi qui met l'honneur et
l'existence du brave hors des atteintes du pouvoir
serait une loi transitoire !

Il suffit, d'ailleurs, pour établir que la loi de 1794
a tous les caractères d'une loi durable, de se rappeler le motif qui la dicta. Il s'agissait d'abord d'un
simple décret en faveur d'un sieur Martena, officier
emprisonné par un ordre arbitraire depuis treize ans.

« Un membre du comité militaire, dit le procès-
« verbal des séances, présente un projet de décret
« dans lequel il demande que Martena reprenne son
« grade, son activité et son rang. Un membre a re-
« présenté *qu'il était inutile de rendre un décret parti-*
« *culier*, mais qu'il valait beaucoup mieux *en rendre*
« *un général sur cet objet :* en conséquence, l'assem-
« blée a adopté le décret suivant. »

Ainsi la loi du 12 septembre 1791 est en pleine vigueur. Ainsi les officiers destitués sans jugement n'ont pas, aux yeux de la loi, quitté leurs fonctions : leur rang, leur grade, leurs droits, leur solde, ils ont tout conservé. L'état leur doit la restitution de leur traitement arriéré. Un officier frappé par la restauration a pu dire à l'ami qui vint au secours de sa glorieuse misère : « le gouvernement qui succédera aux Bourbons te remboursera ; il acquittera « sa dette en payant la mienne. »

—On insiste en disant : si le gouvernement ne pouvait enlever le grade, il pouvait du moins enlever l'emploi. La loi même de 1831 fait cette distinction.

Sans doute le gouvernement doit avoir le droit d'employer tel officier, de ne pas employer tel autre. L'emploi est à la disposition du ministre.

Mais cela veut-il dire que le traitement du grade suit l'emploi, et qu'enlever l'emploi, c'est enlever le traitement ? La restauration n'enlevait pas le grade en ce sens. Mais le traitement retiré, qu'est-ce que le grade, qui ne confère ni traitement ni emploi? Aussi, lors de la discussion à la Chambre des pairs sur l'art. 24 de la loi de 1831, tous les orateurs pour ou contre le projet ont admis que par le mot *grade*, on entend grade avec ses droits, l'emploi seul excepté; le traitement est inhérent au grade, on le conquiert avec le grade. C'est ce qu'a reconnu le projet de loi de 1832, amendé par la Chambre des pairs * ; c'est ce qui explique le mot du ministre de la guerre, s'écriant à propos de son traitement de maréchal : *on ne me l'arrachera qu'avec la vie.*

Et ce n'est pas seulement depuis 1830, ni même depuis la restauration, que ce principe : l'emploi peut être enlevé par le Roi, mais non le traitement, a été si hautement proclamé. Lors de la discussion de la loi du 28 fructidor an VII, le rapporteur, M. Lacuée, disait au Conseil des Anciens : « La com-

---

* L'article 7 de ce projet amendé est ainsi conçu :

« ART. 7. La solde de non activité est inhérente au « grade, elle ne peut se perdre que de la même manière « que le grade. »

« mission a reconnu que le Directoire *peut bien*, *en*
« *vertu de ses droits*, REFUSER DE L'ACTIVITÉ AUX
« OFFICIERS, *mais que ne pouvant pas faire que des*
« *services rendus antérieurement n'existent point*,
« IL NE PEUT EN RAVIR LE FRUIT A CEUX QUI LES ONT
« RENDUS... Si la patrie peut condamner un citoyen
« *à ne plus la servir*, elle ne peut point faire que le
« même citoyen n'ait acquis, par des services, UN
« DROIT ABSOLU A UNE RÉCOMPENSE PÉCUNIAIRE. »

Une objection bien plus spécieuse a été présentée :
elle a quelque chose en soi de si favorable à une classe
d'officiers patriotes, qu'elle ne doit pas être rejetée
sans un consciencieux examen.

On a dit : sous la restauration, un grand nombre
d'officiers ont été privés de leur grade, de leur traitement par décisions judiciaires : les délits ou les
crimes qui attirèrent sur eux ces condamnations
étaient des crimes ou délits politiques. L'ordonnance
du 26 août 1830 a fait tomber les condamnations.
Pourtant, quand il a fallu dire droit à leurs récla-

mations si dignes d'intérêt, l'on a senti qu'une loi était nécessaire. Pourquoi établir une différence entre ces officiers condamnés sous la restauration, et les officiers réformés sous la restauration? Leur délit est le même; le même motif a fait condamner les uns, destituer les autres. Pourquoi ceux-ci rentreraient-ils de plein droit dans leur grade enlevé, dans leur traitement arriéré, tandis que les autres ne pourraient y rentrer que par une loi?

Oh! pourquoi, le jour même du triomphe, la commission populaire qui déclarait la déchéance de Charles X, ne proclama-t-elle point cette réparation si juste et si nécessaire à l'égard des uns et des autres? Pourquoi, sur les barricades, un acte du peuple souverain ne brisa-t-il pas et les arrêts et les décisions, comme il brisait un gouvernement parjure? Pourquoi, au sein des acclamations de la victoire, le lieutenant-général, délégué du peuple, n'a-t-il pas écrit dans une ordonnance souveraine ces mots réparateurs : « tous les officiers destitués, condamnés pendant quinze ans pour délits politiques, sont rétablis dans leur grade, avec rappel de leur traitement»? Pourquoi enfin cette disposition ne fut-elle pas insérée dans la Charte de 1830? Tout ce qu'aurait fait le peuple, tant qu'il exerçait de fait sa souveraineté, aurait lié l'avenir. Mais il n'en a pas été ainsi : la Constitution a été offerte au Prince et jurée par lui. Tout est rentré dans l'ordre légal; il faut maintenant invoquer non la souveraineté du peuple en action sur la place publique, mais la souveraineté confiée par le peuple au pouvoir législatif.

Or, dès ce moment, une grande différence doit exister entre la classe des officiers destitués par décision judiciaire, et la classe des officiers destitués sans jugement. La loi ordonnait de frapper les uns, la loi défendait de frapper les autres.

Honneur, cent fois honneur à ces hommes généreux, à leurs courageux efforts pour renverser un gouvernement antipathique à nos sentimens nationaux et à notre révolution de 1789 ; pour expulser des princes qui avaient tiré l'épée contre leur patrie, et qui deux fois y étaient rentrés après deux invasions ! Mais là où des condamnations juridiques ont été prononcées, le prince n'a plus que le droit de grâce ; et comme ce droit ne peut rétroagir ni grever le trésor, le gouvernement nouveau, quoique né du triomphe des idées populaires, ne peut ordonner qu'un grade légalement perdu soit censé n'avoir jamais été ravi, qu'un traitement légalement enlevé soit restitué par le trésor. À la loi seule appartient cette réparation nécessaire. C'est pour avoir servi le pays que ces braves furent condamnés, c'est le pays qui doit, par ses mandataires, les relever des effets de la condamnation. Le roi peut, en vertu de son droit constitutionnel, leur conférer pour l'avenir grades et traitemens, mais le passé échappe à son pouvoir légal.

Et gardons-nous de franchir ces limites constitutionnelles ; que l'idée d'une réparation si juste ne vienne pas nous séduire. L'obéissance à la loi est le premier devoir des citoyens. Celui qui conspire contre un gouvernement imposé par l'étranger, cède au plus

noble sentiment, mais il sait qu'il viole les lois
existantes; il a balancé ses chances d'avenir : s'il
succombe, il est frappé par la loi; que la loi, plus
tard, le relève d'une condamnation dont la source
fut si pure et si glorieuse. En attendant, il aura
pour lui et cette vive sympathie de ses concitoyens,
si douce au patriotisme, et l'espérance d'un meilleur
avenir, si douce au malheur.

Il en est autrement des officiers destitués sans
décision judiciaire. Victimes d'un acte arbitraire, leur
droit à la réparation n'a jamais été douteux; le titre
même qui les frappa le consacre; c'est à eux surtout
qu'il faudrait appliquer l'adage du droit civil : *titulus
perpetuò clamat.*

Un ministre, foulant aux pieds les lois du royaume,
les repoussa des rangs de l'armée ; un ministre, ami
des lois, les y rappelle. Un gouvernement d'arbitraire
leur retira illégalement le traitement attaché à leur
grade; un gouvernement de réparation le leur rend.
C'est une simple restitution : le trésor *a touché pour*

eux en retenant leur solde ; le trésor rend ce qu'il a illégalement retenu. Ces principes sont de tous les temps ; la morale les approuve aussi bien que la politique.

Pourquoi d'ailleurs présenter pour eux une loi quand elle existe ? Que dirait votre loi que ne dise la loi du 12 septembre 1791 ? Voulez-vous ajouter une loi à cette masse de lois, arsenal de tous les gouvernemens, véritable chaos où l'esprit se perd, et qu'une main puissante sera sans doute appelée à débrouiller un jour ?

Il faudra bien néanmoins obtenir des Chambres les fonds nécessaires à la restitution. Mais les officiers auront droit à recevoir, et les Chambres n'auront en quelque sorte qu'à vérifier. C'est une dette du pays, nos Chambres n'y feront pas banqueroute.

Au reste, l'administration a reconnu d'avance la justesse de nos observations. Plusieurs officiers destitués sans jugement ont obtenu du ministère de la guerre une entière restitution ; quelques-autres rappelés dans les cadres de l'armée y ont paru avec un grade en sus de celui qui leur avait été enlevé.

Et qu'on y prenne garde : le retour à la loi de 1791 et aux principes de la loi de l'an VII est le seul moyen d'éviter l'arbitraire et de graves embarras. Que serait en effet un terme moyen d'après lequel les officiers destitués sans jugement seraient renvoyés à l'armée, même avec un grade en sus, tout en laissant subsister pour le temps de la restauration , la décision qui prononça leur réforme? Quand il s'agira pour eux d'obtenir l'avancement légal ou la décoration accordée aux années de service, que fera-t-on des années de réforme illégale? Les comptera-t-on? c'est un arbitraire inexcusable. Ne les comptera-t-on pas? c'est une criante injustice. Comment, voilà des officiers qui étaient encore dans la vigueur de l'âge, brutalement renvoyés pour opinion politique; ils ont forcément passé dans leurs foyers un temps qu'ils avaient droit de consacrer au drapeau, et vous ne voulez pas leur en tenir compte! Et quand il faudra fixer la pension de retraite, l'injustice sera bien plus grave encore. Ils étaient sans autre fortune que leur épée, on les a chassés des rangs qu'ils honoraient ; ils ont eu pendant dix ans la misère à leur chevet ; les voilà, au temps de la retraite, avec les infirmités compagnes de la misère, et vous les repousserez !

Vous les repousserez ! Et leurs services antérieurs ne parleront pas pour eux ! Et pourtant, après quinze ans de services dans nos armées nationales, les services rendus à l'émigration, à la restauration, nous avons presque dit à la chouannerie, comptent pour la retraite !

Il faut, direz-vous, pour que ces années comptent, que l'on ait été placé sur un état de solde. Mais c'est pour cela qu'il faut appliquer la loi de 1791. Par cette heureuse fiction de la loi, l'officier destitué sans traitement est censé n'avoir pas été destitué ; son traitement n'est qu'arriéré, qu'on l'acquitte. Et cette fiction n'a même rien d'extraordinaire. Il fut absent du drapeau ; mais l'absence du drapeau n'entraîne pas de droit la défalcation du temps d'absence sur les années de service. Les officiers en réforme avec traitement sont de fait hors du drapeau, et ces années de réforme comptent comme années de service. Il en est de même des officiers en disponibilité, en congé illimité, auxquels les ministres de la restauration comparaient à la tribune nos officiers destitués : « Le « grade leur reste, osaient-ils dire ; ils sont suscep- « tibles d'être rappelés d'un moment à l'autre, comme « les officiers en non activité ! »

Et que d'exemples nous pourrions citer à l'appui !— Sous la régénération, MM. Simon Lorrière, Lafontaine, etc. ; sous la restauration, tous ces officiers généraux et autres proscrits de 1815, à qui Louis XVIII fit payer intégralement leur solde, pour le temps passé non seulement hors du drapeau, mais hors de la France.

Ces principes établis par les lois et par les faits sont désormais incontestables.

Il faut pourtant renverser encore une funeste pensée qui semble avoir pris quelque autorité dans les bureaux de la guerre.

On dit : parmi les officiers destitués, les uns le furent avant l'ordonnance de 1823, les autres depuis. Avant cette ordonnance, les officiers étaient sous l'empire du décret de 1812, plus tard l'ordonnance fut la loi. Il faut donc les diviser en catégories ; donner aux premiers cinq années de solde de réforme, aux derniers un nombre d'années correspondant à la moitié de leurs années de service lors de la destitution.

En vérité, cet argument n'est pas soutenable.

D'abord le décret de Kœnigsberg fut aboli par la Charte de 1814 ; ensuite le décret ne prononçait pas la réforme hors des cas prévus par les lois, il fixait *la durée du traitement de réforme pour les officiers légalement réformés.* Qu'a donc de commun ce décret avec une mesure toute d'arbitraire qui enlevait au drapeau l'officier valide et le destituait sans jugement ?

L'ordonnance de 1823, déjà mutilée par celle de

1829, a expiré devant la Charte de 1830. D'ailleurs, encore une fois, qu'on en fît l'application aux
officiers qui, légalement, étaient mis à la réforme,
on le concevrait; mais à ceux que l'on renvoyait sans
autre motif que leur opinion politique, c'est consacrer l'arbitraire par l'injustice.

Il faut laisser de pareilles pensées au gouvernement déchu : il frappait des ennemis; vous frappe-
riez des amis dévoués.

En résumé, le droit des officiers destitués sans
jugement est constant. La loi de 1791, celle de l'an
VII, la Charte de 1814, celle de 1830, la morale,
la justice, la politique, tout s'élève en leur faveur.
Ils voient à la tête du ministère un vieux soldat,
qui, après avoir laissé des traces de son sang sur tant
de champs de bataille, s'empressera de rendre à
d'anciens compagnons d'armes une récompense, prix
de leur sang. Il serait digne d'un soldat de l'empire,
proscrit en 1815, de réparer, par une ordonnance
générale, applicable à tous les officiers destitués sans
jugement, l'injustice dont ils furent victimes.

Mais, si des motifs qui nous sont inconnus ne permettent pas au ministre de provoquer cette mesure, qui serait accueillie avec tant de faveur; que chaque officier réclame individuellement son grade et sa solde arriérée : sa réclamation sera sans doute accueillie. Aucun d'eux n'aura besoin de recourir, en dernier ressort, à l'autorité protectrice du Conseil d'état; car aucun d'eux ne verra son malheur méconnu, ses droits foulés aux pieds.

Délibéré à Paris, le 15 juin 1833, par nous,

Ad. CRÉMIEUX,
Avocat aux Conseils du Roi
et à la Cour de cassation.

Lᶦˢ DURAT-LASALLE,
Avocat.

LOIS,

DÉCRETS ET ORDONNANCES,

AUXQUELS LA CONSULTATION SE RÉFÈRE.

LOI DU 29 OCTOBRE 1790.

ART. 15. Les officiers de tous les grades et de toutes les armes, actuellement en activité, réformés par la nouvelle organisation, conserveront jusqu'à leur remplacement dans leur grade, la moitié des appointemens dont ils jouissent en ce moment. Si la réforme porte sur des officiers parvenus par les grades de soldats et de sous-officiers, ils conserveront en entier, jusqu'à leur remplacement ou leur retraite, les appointemens dont ils jouissent en ce moment.

LOI RELATIVE AUX OFFICIERS
PRIVÉS DE LEUR ÉTAT SANS CAUSE LÉGITIME,
OU ARBITRAIREMÉNT SUSPENDUS DE LEURS FONCTIONS.

Donné à Paris le 12 Septembre 1791.

LOUIS, par la grâce de Dieu et par la loi constitutionnelle de l'état, roi des Français, etc.

L'Assemblée nationale a décrété, et nous voulons et ordonnons ce qui suit :

DÉCRET DE L'ASSEMBLÉE NATIONALE.

Du 5 Septembre 1791.

L'Assemblée nationale, après avoir entendu son comité militaire, décrète que les officiers qui, sans démission volontaire ou sans jugement, auront été arbitrairement privés de leur état ou suspendus de leurs fonctions, seront censés les avoir toujours exercés, et en conséquence seront replacés aux rangs et grades qui leur appartiendraient s'ils n'avaient pas éprouvé d'injustice.

Mandons et ordonnons, etc.

LOI DU 21 OCTOBRE 1791.

Art. 7. Les officiers, sous-officiers et soldats qui, par l'effet de la nouvelle formation, éprouveraient une réduction sur leur traitement actuel, le conserveront jusqu'à ce qu'ils en obtiennent un équivalent ; en attendant, ils seront payés du supplément sur des états particuliers dans la forme prescrite par les ordonnances.

LOI DU 21 FÉVRIER 1793.

Art. 2. Tout militaire, de quelque grade qu'il soit, officier ou soldat, qui, par les changemens qui pourraient s'opérer à la paix, se trouvera réformé, obtiendra, à titre de pension de retraite, s'il a dix ans de service, les campagnes comptant pour deux ans, le quart de ses appointemens de paix, et au-dessus de dix ans, un trentième du restant de ses appointemens en sus par chaque année de service.

Art. 4. Tout militaire qui prendra sa retraite, ou sera éformé à la paix, jouira tant qu'il vivra et quelle que soit ensuite la place qu'il occupera dans l'état, d'un traitement fixé par le présent décret, quels que soient les émolumens qui seraient attachés à ses nouvelles fonctions, et sans aucune déduction.

LOI DU 3 BRUMAIRE AN IV.

(25 Octobre 1795.)

La Convention nationale décrète que les militaires en activité de service, mais employés dans des grades inférieurs à ceux qu'ils occupaient précédemment, seront payés suivant les différens grades auxquels ils avaient d'abord été promus.

LOI DU 3 PRAIRIAL AN V,

QUI RÈGLE LE TRAITEMENET DES OFFICIERS RÉFORMÉS.

Le Conseil des Cinq cents, considérant que s'il est indispensable d'opérer des réformes ou des suppressions dans certains grades militaires, il est juste et instant de venir au secours de ceux qui se trouvent compris dans ces réformes ou suppressions,

Déclare qu'il y a urgence.

Le Conseil, après avoir déclaré l'urgence, prend la résolution suivante.

ART. 1er Le traitement des officiers réformés ou surnuméraires par l'effet des différentes incorporations ou embrigademens qui ont eu lieu dans les troupes depuis la guerre de la liberté et d'après les lois, demeure réglé pour le mois de prairial prochain seulement, ainsi qu'il suit, savoir :

A raison par an de * :

Pour les généraux de division...... 4,000 francs.

les généraux de brigade...... 3,000

les chefs de brigade.......... 2,000

les chefs de bataillon ou d'escadron................. 1,200

les capitaines............... 900

les lieutenans............... 700

les sous-lieutenans.......... 500

les commissaires ordonnateurs. 2,400

les commissaires des guerres.. 1,200

ART. 2. Les dispositions de l'article précédent sont

---

* L'addition de ces mots a été ordonnée par une loi du 28 floréal, insérée au Bulletin n° 122, page 23.

applicables aux officiers de marine attachés au service des vaisseaux de l'état ou aux troupes, d'artillerie et infanterie de marine qui n'ont point été compris dans la nouvelle organisation de la marine, le tout suivant les grades correspondans à ceux de l'armée de terre.

Art. 3. Le Directoire exécutif adressera au Corps-législatif, pour le 1ᵉʳ messidor prochain, l'état nominatif des officiers payés conformément à l'article 1ᵉʳ, et y joindra l'âge de chacun d'eux, la date de leur entrée au service, les différens grades par lesquels chacun aura passé, leur durée dans chaque grade, enfin leur grade actuel, la date de leur mise en possession dudit grade et ses observations sur la nature des services de chacun d'eux.

Art. 4. La présente résolution sera imprimée.

Signé : F. Lamarque, Président;

J. P. Picqué, Cholet, A. Fauvel, Secrétaires.

Après une seconde lecture, le Conseil des Anciens approuve la résolution ci-dessus. Le 3 prairial an V de la république française.

Signé : Barbé-Marbois, Président;

A. D. Laffon, Godin, Servonat, Secrétaires.

LOI DU 29 PRAIRIAL AN V.

Le Conseil des Cinq cents, considérant qu'il est instant d'assurer le traitement des officiers réformés,

Déclare qu'il y a urgence.

Le Conseil, après avoir déclaré l'urgence, prend la résolution suivante :

Les dispositions de la loi du 3 prairial, relatives au traitement des officiers réformés ou surnuméraires, auront leur exécution pour les mois de messidor et thermidor prochains.

La présente résolution sera imprimée.

Signé : VIÉNOT-VAUBLANC, *pour le Président ;*
SIMÉON, HENRI-LARIVIÈRE, PARISOT, *Secrétaires.*

Après une seconde lecture, le Conseil des Anciens approuve la résolution ci-dessus. Le 29 prairial an V de la république française.

Signé : BARBÉ-MARBOIS, *Président ;*
TRONSON-DUCOUDRAY, A. D. LAFFON, SERVONAT, *Secrétaires.*

LOI DU 25 FRUCTIDOR AN V.

Le Conseil des Cinq cents, considérant que le terme accordé par la loi du 29 prairial pour le traitement provisoire des officiers réformés, est expiré, et qu'il est juste et instant de leur assurer ce traitement, en attendant que le Corps-législatif ait pu statuer définitivement sur leur sort,

Déclare qu'il y a urgence.

Le Conseil, après avoir déclaré l'urgence, prend la résolution suivante :

Art. 1ᵉʳ Le traitement provisoire fixé par les articles 1 et 2 de la loi du 3 prairial dernier, aux officiers réformés des armées de terre et de mer, leur est continué.

Art. 5. La présente résolution sera imprimée.

Signé : F. LAMARQUE, *Président ;*
JOURDAN (de la Haute-Vienne), DUHAUT, *Secrétaires.*

Après une seconde lecture, le Conseil des Anciens approuve la résolution ci-dessus. Le 25 fructidor an V de la république française.

Signé : MARBOT, *Président ;*
LIBOREL, LEBRETON, LEDANOIS, *Secrétaires.*

EXTRAIT DE LA LOI DU 25 FRUCTIDOR AN VII.

Art. 62. A compter du premier jour du mois qui suivra la publication de la présente loi, les traitemens de réforme pour tous les militaires qui ont cessé ou cesseront d'être en activité, *autrement que par un jugement ou démission,* depuis le grade de général de division jusqu'à celui de sous-lieutenant inclusivement, seront réduits au taux fixé dans le tableau des traitemens de réforme pour tous les grades, joint à la présente loi.

Art. 63. Ces traitemens seront payés de la même manière que les soldes de retraite et soldes ou subsistances provisoires.

Art. 65. Toutes les dispositions de lois contraires à la présente sont rapportées.

Art. 66. La présente résolution sera imprimée.

> *Signé* : Boulay (de la Meurthe), *Président ;*
> Arnould, Cubée, Cholet, *Secrétaires.*

Après une seconde lecture, le Conseil des Anciens approuve la résolution ci-dessus. Le 28 fructidor an VII de a république.

> *Signé* : Cornet, *Président ;*
> Lemennet, F. Lobjoy, Hervin, Charles, Vacher, *Secrét.*

DÉCRET DU 14 NOVEMBRE 1810.

Au Palais de Fontainebleau, le 14 Novembre 1810.

Napoléon, Empereur des Français, etc.

Sur le rapport de notre Ministre de la guerre,

Nous avons décrété et décrétons ce qui suit :

TITRE Ier.

Revue générale de tous les Officiers en réforme.

Art. 1er. D'ici au 1er janvier 1811, il sera fait une revue

générale d'inspection de tous les officiers jouissant du traitement de réforme.

Art. 2. Cette inspection aura pour objet de distinguer les officiers valides de ceux qui ne sont plus propres au service.

Art. 3. Elle sera passée dans chaque département par l'officier général ou supérieur qui y commande, et vérifiée ensuite par le général commandant la division, qui pourra mander, pour les inspecter lui-même, lorsqu'il le jugera nécessaire, les officiers que leurs infirmités n'empêcheraient pas de se rendre au chef-lieu de la division.

Art. 4. Les officiers inspectés seront divisés en trois classes.

Seront compris dans la première classe ceux âgés de moins de quarante ans, et qui sont en état de reprendre le service actif dans nos armées.

Dans la seconde classe, ceux âgés de quarante ans accomplis, mais de moins de cinquante ans, qui sont encore dans le cas d'être employés utilement.

Dans la troisième classe, tous ceux âgés de cinquante ans accomplis, ou qui, moins âgés, ne seraient pas susceptibles de rentrer en activité dans leur grade, soit à cause de leurs blessures ou infirmités, soit par défaut de capacité, ou pour tout autre motif.

TITRE II.

Des Officiers susceptibles d'être employés.

ART. 8. Les officiers qui auront été compris dans les première et seconde classes, nous seront présentés pour être replacés le plus tôt possible.

Ils continueront à jouir de leur traitement de réforme jusqu'à ce qu'ils aient reçu une destination, ou jusqu'à ce qu'il ait été statué autrement sur leur sort.

TITRE III.

Des Officiers incapables de servir.

ART. 9. Notre Ministre de la guerre mettra sous nos yeux l'état des services des officiers qui composeront la troisième classe, et nous proposera pour la solde de retraite ceux qui auront des droits à cette récompense.

ART. 10. Cette solde de retraite sera réglée d'après le tarif de la loi du 8 floréal an XI.

Elle n'excédera le montant du traitement de réforme que dans les cas de trente ans accomplis d'activité.

ART. 11. L'officier qui réunira au moins vingt-cinq ans de services effectifs, campagnes non comprises, pourra compter le temps passé dans la jouissance du traitement de réforme, pour compléter s'il y a lieu, ses trente a. d'activité, conformément à l'avis de notre Conseil d'Etat du 13 prairial an XI.

Art. 12. L'officier qui aurait moins de trente ans de service, mais plus de soixante d'âge, pourra nous être proposé pour une solde de retraite égale à son traitement de réforme.

Art. 13. Néanmoins, nul officier en réforme ne sera admis à la solde de retraite, s'il ne justifie de dix années au moins de service, campagnes comprises, ou s'il n'a été blessé par le fer ou le feu de l'ennemi; mais ceux qui se trouveront exclus par l'effet de cette disposition, pourront lorsque notre Ministre de la guerre les en jugera susceptibles, conserver, par forme de gratification, leur traitement de réforme pendant tout le cours de l'année 1811.

Art. 14. Notre Ministre de la guerre est chargé de l'exécution du présent décret.

Signé : Napoléon.

Par l'Empereur :

Le Ministre secrétaire d'État,

Signé : H. B. Duc de Bassano.

DÉCRET RELATIF A LA DURÉE DE LA JOUISSANCE DU TRAITEMENT DE RÉFORME.

Kœnisgberg, le 15 Juin 1812.

Napoléon, Empereur des Français, etc.

Sur le rapport de notre Ministre de la guerre ;

Vu notre décret du 14 octobre 1810 ;

Notre Conseil d'Etat entendu;

Nous avons décrété et décrétons ce qui suit :

ART. 1er. Aucun militaire ne peut jouir d'un traitement de réforme pendant plus de cinq années consécutives. Ce temps expiré, il cesse d'être porté sur les états de paiement, mais il conserve ses droits à être employé, s'il réunit encore les qualités requises.

ART. 2. Les cinq années mentionnées en l'article précédent seront comptées, à dater du 1er janvier 1812, seulement, aux officiers qui jouissaient du traitement de réforme avant cette époque.

ART. 3. L'officier admis au traitement de réforme qui, ayant été jugé depuis n'être plus susceptible de rentrer en activité, ne réunirait pas les services ou les titres suffisans pour obtenir une retraite, recevra, s'il y a lieu, une gratification qui ne pourra excéder une année de son traitement de réforme.

ART. 6. Le traitement de réforme est incompatible avec un état quelconque d'activité militaire, excepté pour les officiers des compagnies de garde-côtes et des cohortes.

ART. 7. Nos Ministres de la guerre, de l'administration de la guerre et du trésor impérial, sont chargés, chacun en ce qui le concerne, de l'exécution du présent décret, qui sera inséré au Bulletin des lois.

Signé : Napoléon.

Par l'Empereur :

Le Ministre secrétaire d'État ,

Signé : Comte Daru.

CHARTE DE 1814.

Art. 69. Les militaires en activité de service, les officiers et soldats en retraite, les veuves, les officiers et soldats pensionnés, conserveront leurs grades, honneurs et pensions.

ORDONNANCE DU 5 FÉVRIER 1823.

Louis, par la grâce de Dieu, Roi de France et de Navarre;

Sur le rapport de notre Ministre secrétaire d'État de la guerre,

Nous avons ordonné et ordonnons ce qui suit :

Art. 1er. La durée du traitement de réforme, fixée à cinq ans, par l'article 1er du décret du 15 juin 1812, sera désormais, pour les officiers de tous grades et de toutes armes, proportionnée au nombre des années de service effectif qu'ils auront accomplies le jour de leur admission à ce traitement, ainsi qu'il est réglé par le tableau nº 1, annexé à la présente ordonnance.

La quotité du traitement de réforme est et demeure fixée conformément au tableau, nº 2.

Art. 2. Ne recevront aucun traitement de réforme :

1º Les officiers qui seront réformés avant d'avoir accompli leur sixième année de service ;

2º Ceux qui auront été formellement privés de ce traitement par l'ordonnance qui aura prononcé leur réforme.

Art. 3. La présente ordonnance est applicable aux officiers jouissant actuellement du traitement ordinaire de réforme ; néanmoins ceux de ces officiers qui n'avaient pas accompli leur dixième année de service lorsqu'ils ont été réformés, continueront à toucher le traitement de réforme jusqu'au terme des cinq années pendant lesquelles ce traitement leur avait été assuré conformément au décret du 15 juin 1812.

Art. 4. Chaque officier jouissant maintenant du traitement ordinaire de réforme ou qui y sera admis à l'avenir, sera pourvu d'un titre indiquant le nombre de ses années de service et le temps pendant lequel il devra conserver ce traitement, s'il n'est pas rappelé à l'activité.

Les officiers placés dans cette position conserveront ce traitement pendant le nombre d'années ci-dessus spécifié, dans le cas même où ils rentreraient dans la vie civile, et sans qu'ils puissent être astreints à reprendre du service dans l'armée.

Art. 5. Le temps passé en jouissance du traitement de réforme sera compté comme service actif pour l'admission à la pension de retraite par ancienneté, soit aux officiers qui auront été rappelés à l'activité, soit à ceux qui n'y ayant pas été rappelés, auraient été admis à ce traitement après avoir accompli leur vingtième année de service, sans que, dans aucun cas, on puisse admettre comme service actif plus de dix ans de réforme avec traitement.

Art. 6. Notre Ministre secrétaire d'état de la guerre est chargé de l'éxecution de la présente ordonnance, qui sera insérée au Bulletin des lois.

Donné à Paris, en notre château des Tuileries, le cinquième jour du mois de février de l'an de grâce 1823, et de notre règne le vingt-huitième.

Signé : Louis.

Par le Roi :

Le Maréchal Ministre secrétaire d'état de la guerre,

Signé : DE BELLUNE.

ORDONNANCE DU 8 FÉVRIER 1829.

Charles, par la grâce de Dieu, Roi de France et de Navarre;

Vu l'ordonnance du 5 février 1823 concernant le traitement de réforme;

Vu l'art. 3 de la loi du 9 juin 1824, qui fixe à huit années la durée du service militaire ;

Vu l'avis du conseil supérieur de la guerre du 31 janvier 1829, sur le traitement de réforme ;

Sur le rapport de notre Ministre secrétaire d'Etat de la guerre,

Nous avons ordonné et ordonnons ce qui suit :

ART 1er. Le traitement de réforme ne pourra être accordé qu'aux officiers qui auront complété leur huitième année de service.

ART. 2. Tout officier qui sera réformé à l'avenir après huit ans de service accomplis jouira du traitement de réforme dont la durée et la quotité sont réglées par les tableaux annexés à l'ordonnance du 5 février 1823 : il ne pourra en être privé que par suite d'une condamnation juridique.

ART. 3. L'art. 2 de l'ordonnance du 5 février 1823 et toutes autres dispositions contraires à la présente ordonnance sont abrogés.

ART. 4. Notre Ministre secrétaire d'Etat de la guerre est chargé de l'exécution de la présente ordonnance.

Donné en notre château des Tuileries, le huitième jour du mois de février de l'an de grâce 1829, et de notre règne le cinquième.

Signé : CHARLES.

Par le Roi :

Le Ministre secrétaire d'État de la guerre,

Signé : VICOMTE DE CAUX.

CHARTE DE 1830.

Art. 60. Les militaires en activité de service, les officiers et soldats en retraite, les veuves, les officiers et soldats pensionnés, conserveront leur grades, honneurs et pensions.

Art. 69. Il sera pourvu successivement, par des lois séparées, et dans le plus court délai possible aux objets qui suivent :

6° Des dispositions qui assurent d'une manière légale l'état des officiers de tout grade de terre et de mer.

Art. 70. Toutes les lois et ordonnances, en ce qu'elles ont de contraire aux dispositions adoptées pour la réforme de la Charte, sont dès à présent, et demeurent annulées et abrogées.

ORDONNANCE DU 26 AOUT 1830.

Sur le rapport de notre garde-des-sceaux, ministre secrétaire d'état au département de la justice ;

Notre Conseil des ministres entendu ;

Considérant qu'il est juste et urgent de faire cesser l'effet des condamnations politiques antérieures aux glorieuses journées des 27, 28 et 29 juillet dernier ;

Nous avons ordonné et ordonnons ce qui suit :

ART. 1er. Les jugemens, décisions et arrêts rendus, soit en France, soit dans les colonies, par les cours royales, cours d'assises, cours de justice criminelle, cours prévôtales, commissions militaires, conseils de guerre et autres juridictions ordinaires et extraordinaires, à raison de faits politiques, depuis le 9 juillet 1815 jusqu'à ce jour, cesseront d'avoir leur effet.

ART. 2. Les personnes atteintes par lesdits jugemens, arrêts et décisions, rentreront dans l'exercice de leurs droits civils et politiques, sans préjudice des droits acquis à des tiers.

Celles qui sont détenues en vertu desdits arrêts et décisions, seront sur le champ mises en liberté. Celles qui sont absentes de France, se présenteront devant nos ambassadeurs ou agens diplomatiques et consulaires les plus voisins, qui leur délivreront des passeports pour rentrer en France.

PROJET DE LOI SUR L'ÉTAT DE L'OFFICIER,

ADOPTÉ PAR LA CHAMBRE DES PAIRS LE ... MARS 1832.

Art. 7. La solde de non-activité est inhérente au grade, elle ne peut se perdre que de la même manière que le grade.

LOI DU 24 AVRIL 1832.

Art. 24. L'emploi est distinct du grade.

Aucun officier ne pourra être privé de son grade que dans les cas et suivant les formes déterminées par la loi.

Imprimerie de J. Smith, rue Montmorency, N° 16.

www.ingramcontent.com/pod-product-compliance
Lightning Source LLC
Chambersburg PA
CBHW071325200326
41520CB00013B/2868